PROTECTION

DES

ENFANTS DU PREMIER AGE

———

REVISION

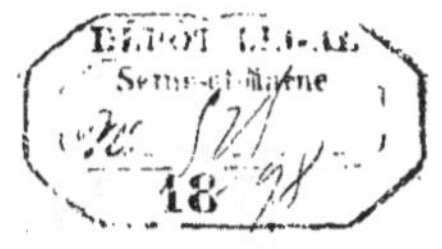

DU RÈGLEMENT D'ADMINISTRATION PUBLIQUE

DU

27 FÉVRIER 1877

Article premier

La surveillance instituée par la loi du 23 décembre 1874 en faveur des enfants au-dessous de deux ans placés, moyennant salaire, en nourrice, en sevrage ou en garde, hors du domicile de leurs parents, est exercée, sous l'autorité du préfet, assisté du comité départemental, par des commissions locales, par les maires, par des médecins inspecteurs et par l'inspecteur des enfants assistés du département.

Art. 2

Les commissions locales, instituées conformément à l'article 2 de la loi du 23 décembre 1874, sont présidées par le maire de la commune.

L'arrêté préfectoral qui institue la commission fixe le nombre de ses membres.

La commission comprend nécessairement deux mères de famille, le curé, et, dans les communes où siège un conseil presbytéral ou un consistoire israélite, un délégué de chacun de ces conseils.

Le médecin inspecteur, nommé en exécution de l'article 5 de la loi, est convoqué aux séances des commissions de sa circonscription ; il y a voix consultative.

Article premier

La surveillance instituée par la loi du 23 décembre 1874 en faveur des enfants au-dessous de deux ans placés, moyennant salaire, en nourrice, en sevrage ou en garde, hors du domicile de leurs parents, est exercée, sous l'autorité du préfet, assisté du comité départemental, par l'inspecteur des enfants assistés du département, par des médecins inspecteurs, par les maires et par des commissions locales.

Art. 2

Les commissions locales, instituées conformément à l'article 2 de la loi du 23 décembre 1874, sont présidées par le maire de la commune.

L'arrêté préfectoral qui institue la commission fixe le nombre de ses membres. Elle comprend nécessairement deux mères de famille. Le médecin inspecteur, nommé en exécution de l'article 5 de la loi, est membre de droit des commissions de sa circonscription ; il les préside en l'absence du maire.

ART. 3

Les membres des commissions sont nommés et révoqués par le préfet.

ART. 4

A Paris et à Lyon, il y aura dans chaque arrondissement municipal une commission instituée conformément aux articles qui précèdent, et présidée par le maire de l'arrondissement.

Il pourra être adjoint à la commission des visiteurs rétribués ; leur nombre et le taux de leur traitement seront déterminés par le Ministre de l'Intérieur, sur la proposition du préfet de police pour Paris, et du préfet du Rhône pour Lyon.

Ces visiteurs assisteront aux délibérations de la commission d'arrondissement avec voix consultative.

Le Ministre de l'Intérieur pourra également instituer, sur la proposition du préfet, des visiteurs rétribués dans les autres communes où la nécessité en sera reconnue.

Art. 5

La commission se réunit au moins une fois par mois ; elle peut être convoquée extraordinairement par le maire soit d'office, soit sur la demande d'un des membres de la commission ou du médecin inspecteur.

Les séances de la commission se tiennent à la mairie.

ART. 3

Les membres des commissions sont nommés et révoqués par le préfet.

ART. 4

Le préfet pourra créer plusieurs commissions locales dans les villes d'au moins 30.000 habitants.

Le Ministre de l'Intérieur pourra instituer, sur la proposition du conseil général, des visiteuses rétribuées dans les parties du département où la présence en sera reconnue nécessaire. Ces visiteuses auront entrée, avec voix consultative, dans les commissions locales de leur circonscription. Elles adresseront au préfet leurs bulletins de visites et leurs rapports.

ART. 5

La commission se réunit au moins une fois par mois ; elle peut être convoquée extraordinairement par le maire soit d'office, soit sur la demande d'un des membres de la commission.

Les séances de la commission se tiennent à la mairie.

ART. 6

La commission répartit entre ses membres la surveillance des enfants à visiter au domicile de la nourrice, sevreuse ou gardeuse.

Chaque membre doit rendre compte à la commission des faits qu'il a constatés dans ses visites périodiques.

ART. 7

Si la commission juge que la vie ou la santé d'un enfant est compromise, elle peut, après avoir mis en demeure les parents et pris l'avis du médecin inspecteur, retirer l'enfant à la nourrice, sevreuse ou gardeuse et le placer provisoirement chez une autre personne. Elle doit, dans les vingt-quatre heures, rendre compte de sa décision au préfet et prévenir de nouveau les parents.

En cas de péril imminent, le président de la commission prend d'urgence et provisoirement les mesures nécessaires; il doit, dans les vingt-quatre heures, informer de sa décision la commission locale, le médecin inspecteur et le préfet, et avertir les parents.

Dans les communes où il n'a pas été institué de commission locale, le maire exerce les pouvoirs conférés à ces commissions par le présent article.

Les mesures prises par les autorités locales, en vertu du présent article, sont purement provisoires; le préfet statue.

ART. 6

La commission répartit entre ses membres la surveillance des enfants à visiter au domicile de la nourrice, sevreuse ou gardeuse.

Chaque membre doit rendre compte à la commission des faits qu'il a constatés dans ses visites périodiques.

ART. 7

Si le médecin inspecteur ou la commission locale jugent la santé d'un enfant compromise, le maire en est prévenu par leurs soins. Ce magistrat peut, après avoir mis en demeure les parents, retirer l'enfant à la nourrice, sevreuse ou gardeuse et le placer provisoirement chez une autre personne. Il doit, dans les vingt-quatre heures, rendre compte de sa décision au préfet et prévenir de nouveau les parents.

En cas de péril imminent, notamment au cas où la substitution de l'allaitement naturel à l'allaitement artificiel est indiquée par le médecin inspecteur, le maire, président de la commission locale ou à son défaut le médecin inspecteur prend d'urgence et provisoirement les mesures nécessaires.

Le maire et le médecin inspecteur doivent dans les vingt-quatre heures s'informer réciproquement de leur décision, la notifier au préfet ainsi qu'à la commission locale et avertir les parents.

Dans les communes où il n'a pas été institué de commission locale le maire exerce les pouvoirs conférés à ces commissions par le présent article.

Les mesures prises par les autorités locales en vertu du présent article sont purement provisoires; le préfet statue.

ART. 8

La commission signale au préfet, dans un rapport annuel, les nourrices qui mériteraient une mention spéciale, à raison des bons soins qu'elles donnent aux enfants qui leur sont confiés.

ART. 9

Des médecins inspecteurs, institués conformément à l'article 5 de la loi, sont chargés de visiter les enfants placés en nourrice, en sevrage ou en garde dans leur circonscription.

ART. 10

Le médecin inspecteur doit se transporter au domicile de la nourrice, sevreuse ou gardeuse, pour y voir l'enfant, dans la huitaine du jour où, en exécution de l'article 24 ci-après, il est prévenu par le maire de l'arrivée de l'enfant dans la commune.

Il doit ensuite visiter l'enfant au moins une fois par mois et à toute réquisition du maire.

Art. 8

La commission et le médecin inspecteur signalent au préfet les nourrices qui mériteraient une récompense à raison des bons soins qu'elles donnent aux enfants qui leur sont confiés.

Art. 9

Des médecins inspecteurs, institués conformément à l'article 5 de la loi, sont chargés de visiter les enfants placés en nourrice, en sevrage ou en garde dans leur circonscription.

Art. 10

Le médecin inspecteur doit·visiter l'enfant dans les quatre jours qui suivent celui où il est informé de son arrivée dans la commune.

Il doit le visiter ensuite au moins une fois par mois et à toute réquisition du maire. Une visite bi-mensuelle est faite aux enfants qui n'ont pas trois mois révolus.

Les visites se font au domicile de la nourrice, sevreuse ou gardeuse.

La première visite et les visites faites sur réquisition sont l'objet d'une indemnité spéciale allouée aux médecins inspecteurs.

ART. 11

Après chaque visite, le médecin inspecteur vise le carnet délivré à la nourrice, sevreuse ou gardeuse, en exécution de l'article 30 ci-après, et il y inscrit ses observations ; il transmet au maire un bulletin indiquant la date et les résultats de sa visite. Ce bulletin est communiqué à la commission locale.

En cas de décès de l'enfant, il mentionne sur le bulletin la date et les causes du décès.

ART. 11

(Texte proposé par M. Lefort.)

Après chaque visite, le médecin inspecteur, au domicile et en présence de la nourrice, sevreuse ou gardeuse, vise son carnet et y inscrit ses observations. Il transmet sans retard au préfet et au maire, qui doit le communiquer à la commission locale, un bulletin indiquant la date et le résultat de sa visite.

Après chaque visite, le médecin inspecteur vise le carnet délivré à la nourrice, sevreuse ou gardeuse, en exécution de l'article 30 ci-après, et y inscrit ses observations. Il transmet au préfet un bulletin indiquant la date et les résultats de sa visite. Il transmet, quand il le juge convenable, un double de ce bulletin au maire, qui le communique à la commission locale.

Le médecin inspecteur qui, à raison d'une absence momentanée de l'enfant, ne le trouve pas au domicile de la nourrice, adresse au préfet un bulletin mentionnant sa démarche; il la renouvelle au cours du mois où il s'est inutilement présenté au domicile de la nourrice; il peut annoncer à celle-ci le jour et l'heure de sa nouvelle visite. L'honoraire afférent à la visite faite pendant ce mois est doublé.

Le médecin inspecteur qui ne trouve pas l'enfant, soit parce que la nourrice a changé de résidence, soit parce que l'enfant lui a été retiré, adresse au préfet un bulletin mentionnant l'une ou l'autre des constatations qu'il a faites. Il indique, lorsqu'il a pu se renseigner, la nouvelle résidence de la nourrice ou la date et la cause du retrait de l'enfant.

Le bulletin notifiant le changement de résidence ou le retrait donne droit au même honoraire que le bulletin de visite mensuel.

(Suite du texte proposé par M. Lefort.)

En cas de décès de l'enfant, le médecin inspecteur en mentionne sur le bulletin la date et les causes, s'il a pu s'en rendre compte personnellement ou si elles ont été indiquées sur le carnet par le médecin qui a soigné l'enfant pendant sa dernière maladie.

En cas de décès de l'enfant, le médecin inspecteur est appelé par le maire à constater le décès ; il transmet au préfet un bulletin mentionnant la date et la cause du décès ; il reçoit pour cette constatation suivie de l'envoi du bulletin, le même honoraire que pour une visite faite sur réquisition.

En cas d'urgence, le maire peut autoriser l'inhumation sans attendre le médecin inspecteur.

ART. 12

Pendant le premier mois de chaque semestre, l'inspecteur des enfants assistés établit le relevé des bulletins de visite que le préfet a reçus de chaque médecin inspecteur au cours du semestre précédent.

Le médecin inspecteur qui n'a envoyé qu'un nombre de bulletins inférieur de moitié au moins à celui qu'il aurait dû envoyer, est mis en demeure par le préfet de s'acquitter régulièrement de ses fonctions.

Si, pendant le semestre qui suit cette mise en demeure, le médecin inspecteur n'envoie qu'un nombre de bulletins inférieur de moitié au moins à celui qu'il aurait dû envoyer, il est déclaré démissionnaire par le préfet.

ART. 12

Le médecin inspecteur rend compte immédiatement au maire et au préfet des faits qu'il aurait constatés dans ses visites, et qui mériteraient leur attention.

Chaque année, il adresse un rapport sur l'état général de sa circonscription au préfet, qui le communique à l'inspecteur départemental du service des enfants assistés et au comité départemental.

ART. 13

Si le médecin reconnaît, soit chez la nourrice, soit chez l'enfant, les symptômes d'une maladie contagieuse, il constate l'état de l'enfant et celui de la nourrice et il peut faire cesser l'allaitement naturel.

Dans ce cas, ainsi que lorsqu'il constate une grossesse, il informe le maire, qui doit aviser les parents, sans préjudice, s'il y a lieu, des mesures autorisées par l'article 7.

Art. 13

Le médecin inspecteur rend compte immédiatement au maire et au préfet des faits qu'il aurait constatés dans ses visites, et qui mériteraient leur attention.

Chaque année, il adresse un rapport sur l'état général de sa circonscription au préfet, qui le communique à l'inspecteur départemental du service des enfants assistés et au comité départemental.

Art. 14

Si le médecin reconnaît soit chez la nourrice, soit chez l'enfant, les symptômes d'une maladie contagieuse, il peut, et dans certains cas, il doit faire cesser l'allaitement naturel. Dans ce cas et dans tous ceux où il juge que le changement de la nourrice est commandé par l'intérêt de l'enfant, il en avise le maire qui en informe, s'il le juge à propos les parents, sans préjudice, s'il y a lieu, des mesures autorisées par l'article 7.

ART. 14

Dès que le maire apprend qu'un enfant placé en nourrice ou en garde dans la commune est malade et manque de soins médicaux, il prévient le médecin inspecteur de la circonscription, et si celui-ci est empêché, il requiert le médecin le moins éloigné de la résidence de l'enfant. Ce dernier doit, si l'enfant succombe, mentionner les causes du décès dans un bulletin spécial, ainsi qu'il est prescrit à l'article 11, pour le médecin inspecteur.

ART. 15

Les médecins inspecteurs reçoivent, à titre d'honoraires, des émoluments qui sont fixés par le Ministre, sur la proposition du préfet, après avis du conseil général.

ART. 16

L'inspecteur du service des enfants assistés est chargé, sous l'autorité du préfet, de centraliser tous les documents relatifs à la surveillance instituée par la loi.

Chaque année, il présente un rapport sur l'exécution du service dans le département, et il rend compte du résultat de ses tournées.

ART. 15

Dès que le maire apprend qu'un enfant placé en nourrice ou en garde dans la commune est malade et manque de soins médicaux, il prononce l'admission de cet enfant à l'assistance médicale, conformément à l'article 20 de la loi du 15 juillet 1893.

ART. 16

Les médecins inspecteurs reçoivent des émoluments qui sont fixés par le Ministre, sur la proposition du conseil général.

Dans les départements autres que celui de la Seine, ces émoluments consistent en honoraires afférents aux visites réglementaires que font les médecins inspecteurs et pour chacune desquelles il transmet un bulletin au préfet. Chaque bulletin, sauf le cas où la notification doit avoir lieu d'urgence conformément à l'article 7, doit être adressé dans les trente jours qui suivent celui où la constatation qui le motive a été opérée.

ART. 17

L'inspecteur des enfants assistés est chargé d'assurer, sous l'autorité du préfet, le fonctionnement du service de la protection des enfants du premier âge.

Chaque année, il présente un rapport sur l'exécution de ce service dans le département, et il rend compte du résultat de ses tournées.

ART. 17

Les membres des comités départementaux sont nommés pour trois ans.

Le membre qui sera nommé à la suite d'une vacance sortira du comité au moment où serait sorti le membre qu'il a remplacé.

Les membres sortants sont rééligibles.

ART. 18

Le comité départemental élit un président et un secrétaire.

Il se réunit au moins une fois par mois. Il peut être convoqué extraordinairement par son président ou par le préfet, soit d'office, soit sur la demande d'un de ses membres.

ART. 19

Le préfet lui communique les rapports qui lui sont envoyés par les commissions locales et par les médecins inspecteurs, ainsi que le rapport d'ensemble présenté annuellement par l'inspecteur départemental.

Art. 18

Les membres des comités départementaux sont nommés pour six ans ; ces comités se renouvellent par tiers tous les deux ans.

Le membre qui sera nommé à la suite d'une vacance sortira du comité au moment où serait sorti le membre qu'il a remplacé.

Les membres sortants sont rééligibles.

Art. 19

Le comité départemental élit un président et un secrétaire.

Il se réunit au moins une fois par trimestre. Il peut être convoqué extraordinairement par son président ou par le préfet, soit d'office, soit sur la demande d'un de ses membres.

Art. 20

Le préfet communique au comité les rapports qui lui sont envoyés par les commissions locales et par les médecins inspecteurs, ainsi que le rapport d'ensemble présenté annuellement par l'inspecteur départemental.

ART. 20

Tout officier de l'état civil qui reçoit une déclaration de naissance, doit rappeler au déclarant les dispositions édictées par l'article 7 de la loi du 23 décembre 1874.

ART. 21

La déclaration prescrite par le dit article à toute personne qui place un enfant en nourrice, en sevrage ou en garde, moyennant salaire, est inscrite sur le registre spécial prévu par l'article 10 de la loi.

Elle est signée par le déclarant.

Elle fait connaître :

1° Les nom et prénoms, le sexe, la date et le lieu de la naissance de l'enfant ;

2° S'il est baptisé ou non ;

3° Les noms, prénoms, profession et domicile des parents ;

4° Les nom, prénoms et domicile de la nourrice, sevreuse ou gardeuse à laquelle l'enfant est confié ;

5° Les conditions du contrat intervenu avec la nourrice, sevreuse ou gardeuse.

Art. 21

Tout officier de l'état civil qui reçoit une déclaration de naissance, doit rappeler au déclarant les dispositions édictées par l'article 7 de la loi du 23 décembre 1874.

Ces dispositions sont reproduites sur tous les bulletins de naissance.

Art. 22

La déclaration prescrite par le dit article à toute personne qui place un enfant en nourrice, en sevrage ou en garde, moyennant salaire, est inscrite sur le registre spécial prévu à l'article 10 de la loi.

Elle est signée par le déclarant.

Elle fait connaître :

1° Les nom et prénoms, le sexe, la date et le lieu de la naissance de l'enfant ;

2° Les noms, prénoms, profession et domicile des parents ;

3° Les nom, prénoms et domicile de la nourrice, sevreuse ou gardeuse à laquelle l'enfant est confié ;

4° Les conditions du contrat intervenu avec la nourrice, sevreuse ou gardeuse.

ART. 22

Le déclarant doit produire le carnet délivré à la nourrice.

Le maire qui reçoit la déclaration transcrit sur le carnet de la nourrice les indications portées sous les numéros 1, 2, 3 et 5 de l'article précédent.

ART. 23

Si l'enfant est envoyé dans une commune autre que celle où la déclaration est faite, le maire qui reçoit la déclaration en transmet copie dans les trois jours au maire de la commune où l'enfant doit être conduit.

ART. 24

Le maire, averti par suite d'une déclaration faite, soit par les parents, en exécution de l'article 7 de la loi, soit par la nourrice, en exécution de l'article 9, qu'un enfant est placé dans sa commune, en nourrice, en sevrage ou en garde, moyennant salaire, doit, dans les trois jours, transmettre une copie de la déclaration au médecin inspecteur de la circonscription.

ART. 23

Le déclarant doit produire le carnet délivré à la nourrice.

Le maire qui reçoit la déclaration transcrit sur le carnet les indications portées sous les numéros 1, 2, 3 et 4 de l'article précédent.

ART. 24

Si l'enfant est envoyé dans une commune autre que celle où la déclaration est faite, le maire qui reçoit la déclaration en transmet copie dans les trois jours au maire de la commune où l'enfant doit être conduit.

ART. 25

Le maire, averti par suite d'une déclaration faite, soit par les parents, en exécution de l'article 7 de la loi, soit par la nourrice, en exécution de l'article 9, qu'un enfant est placé dans sa commune, en nourrice, en sevrage ou en garde, moyennant salaire, doit, dans les trois jours, transmettre une copie de la déclaration au médecin inspecteur de la circonscription.

ART. 25

Il est interdit à toute nourrice d'allaiter un autre enfant que son nourrisson, à moins d'une autorisation spéciale et écrite donnée par le médecin inspecteur, ou, s'il n'existe pas de médecin inspecteur dans le canton, par un docteur en médecine ou un officier de santé.

ART. 26

Nulle sevreuse ou gardeuse ne peut se charger de plus de deux enfants à la fois, à moins d'une autorisation spéciale et écrite donnée par la commission locale, et, à défaut de commission locale, par le maire.

Art. 26

Il est interdit à toute nourrice d'allaiter un autre enfant que son nourrisson, à moins d'une autorisation spéciale et écrite donnée par le médecin inspecteur.

Ajouté sur la proposition de M. Lefort :

Si la nourrice, après s'être engagée dans le contrat de placement (page..... du carnet) à élever le nourrisson au sein, l'élève au biberon, le médecin inspecteur doit prévenir sans retard le préfet, en lui faisant savoir si ce changement d'alimentatiou peut être préjudiciable ou non à la santé de l'enfant.

Le préfet transmet immédiatement cette information aux parents, ou à leur défaut, à la personne qui a confié l'enfant à la nourrice.

Art. 27

Nulle sevreuse ou gardeuse ne peut se charger de plus de deux enfants à la fois à moins d'une autorisation spéciale et écrite donnée par le médecin inspecteur.

ART. 27

Toute femme qui veut prendre chez elle un enfant en nourrice doit préalablement obtenir un certificat du maire de sa commune et un certificat médical. Elle doit, en outre, se munir du carnet spécifié à l'article 30.

ART. 28

Le certificat délivré par le maire doit être revêtu du sceau de la mairie et contenir les indications suivantes :

1° Nom, prénoms, signalement, domicile et profession de la nourrice, date et lieu de sa naissance ;

2° État civil de la nourrice, nom, prénoms et profession de son mari ;

3° Date de la naissance de son dernier enfant, et si cet enfant est vivant.

Le certificat fera connaître si le mari a donné son consentement ; il contiendra les renseignements que pourra fournir le maire sur la conduite et les moyens d'existence de la nourrice, sur la salubrité et la propreté de son habitation. Il constatera la déclaration de la nourrice qu'elle est pourvue d'un garde-feu et d'un berceau.

Sur l'interpellation du maire, la nourrice déclarera si elle a déjà élevé un ou plusieurs enfants moyennant salaire ; elle indiquera l'époque

Art. 28

Toute femme qui veut prendre chez elle un enfant en nourrice doit préalablement obtenir un certificat du maire de sa commune et un certificat médical. Elle doit en outre se munir du carnet spécifié à l'article 31.

L'obtention du certificat du maire doit précéder celle du certificat médical.

Art. 29

Le certificat délivré par le maire doit être revêtu du sceau de la mairie et contenir les indications suivantes :

1° Nom, prénoms, signalement, domicile et profession de la nourrice, date et lieu de sa naissance ;

2° État civil de la nourrice, nom, prénoms et profession de son mari ;

3° Date de la naissance de son dernier enfant, et si cet enfant est vivant.

Le certificat fera connaître si le mari a donné son consentement ; il contiendra les renseignements que pourra fournir le maire sur la conduite et les moyens d'existence de la nourrice.

Sur l'interpellation du maire, la nourrice déclarera si elle a déjà élevé un ou plusieurs enfants moyennant salaire ; elle indiquera l'époque à laquelle elle a été chargée de ces enfants, la date et la cause des retraits, et si elle est restée munie des carnets qui lui auraient été précédemment délivrés. Le maire mentionnera dans le certificat les réponses de la nourrice.

ART. 29

Le certificat médical est délivré par le médecin inspecteur, ou, à défaut de médecin inspecteur habitant la commune où réside la nourrice, par un docteur en médecine ou par un officier de santé; il peut également être délivré dans la commune où la nourrice vient prendre l'enfant; il est dûment légalisé et visé par le maire; il doit attester :

1° Que la nourrice remplit les conditions désirables pour élever un nourrisson ;

2° Qu'elle n'a ni infirmités, ni maladie contagieuse; qu'elle est vaccinée.

à laquelle elle a été chargée de ces enfants, la date et la cause des retraits et si elle est restée munie des carnets qui lui auraient été précédemment délivrés. Le maire mentionnera dans le certificat les réponses de la nourrice.

Art. 30

Le certificat médical est délivré par le médecin inspecteur. Il doit attester :

1° Que la nourrice remplit les conditions désirables pour élever un nourrisson, notamment qu'elle est vaccinée ; que ni elle, ni 'les personnes dont elle partage l'existence ne sont atteintes d'une maladie pouvant compromettre la santé d'un nourrisson ;

2° Qu'il a constaté, soit par une visite spéciale faite sur place, soit au cours de ses visites antérieures d'inspection, la salubrité et la propreté de l'habitation de la nourrice, l'existence dans cette habitation d'un garde-feu et d'un berceau ;

3° Le médecin constate que la nourrice prend l'engagement de ne jamais se servir du biberon à tube et de ne donner à l'enfant aucune nourriture autre que le lait, sans l'autorisation écrite du médecin inspecteur.

Dans le cas où le médecin inspecteur ne croit pas devoir délivrer le certificat, il le déclare à la nourrice, et il avise le préfet de son refus en en faisant connaître la cause. Si cependant la cause du refus est l'état de santé de la nourrice ou d'une des personnes dont elle partage l'exis-

Art. 30

Le carnet est délivré gratuitement, à Paris, par le préfet de police; à Lyon, par le préfet du Rhône; dans les autres communes, par le maire.

La nourrice peut l'obtenir soit dans la commune où elle réside, soit dans celle où elle vient chercher un enfant; dans ce dernier cas, elle doit produire le certificat du maire de sa commune.

Elle doit se pourvoir d'un carnet nouveau chaque fois qu'elle prend un nouveau nourrisson.

Le certificat délivré à la nourrice par le maire de sa commune et le certificat médical sont inscrits sur le carnet. S'ils ont été délivrés à part, ils y sont textuellement transcrits.

Le carnet est disposé de manière à recevoir en outre les mentions suivantes:

1° L'extrait de l'acte de naissance de l'enfant, la date et le lieu de son baptême, les noms, profession et demeure des parents ou des ayants droit à défaut de parents connus, la date et le lieu de la déclaration faite en exécution de l'article 7 de la loi;

2° La composition de la layette remise à la nourrice;

tence, le médecin inspecteur se contentera de cette mention « cause de santé ».

A la demande de la nourrice, le préfet peut charger un médecin d'une contre-visite. Sur le rapport de ce médecin, il confirme le refus ou accorde à la nourrice l'autorisation de prendre un nourrisson.

ART. 31

Le carnet, conforme au modèle ci-annexé, est délivré gratuitement, à Paris, par le préfet de police, à Lyon, par le préfet du Rhône, dans les autres communes par le maire, à toute nourrice qui a obtenu les certificats spécifiés à l'article   .

Ces certificats sont incorporés dans le carnet qui est disposé de manière à recevoir en outre les mentions suivantes:

1° L'extrait de l'acte de naissance de l'enfant, les noms, profession et demeure des parents, ou des ayants droit, à défaut de parents connus; la date et le lieu de la déclaration faite en exécution de l'article 7 de la loi;

2° Les conditions du placement et la composition de la layette remise à la nourrice;

3° Le certificat de vaccine, et, s'il y a lieu, les autorisations relatives au sevrage et au double élevage;

4° Les dates des visites de l'inspecteur départemental, du médecin inspecteur, du médecin appelé en cas de maladie, des membres de la commission locale et des parents, ainsi que leurs observations.

3° Les dates des payements des salaires ;

4° Le certificat de vaccine ;

5° Les dates des visites du médecin inspecteur et des membres de la commission locale, avec leurs observations ;

6° Les déclarations prescrites par l'article 9 de la loi.

Le carnet reproduit le texte des articles du Code pénal, du règlement d'administration publique et du règlement particulier fait par le préfet en exécution de l'article 12 de la loi, qui intéressent directement les nourrices, sevreuses ou gardeuses, les intermédiaires et les directeurs de bureaux de placement.

Il contient, en outre, des notions élémentaires sur l'hygiène du premier âge.

Le carnet contient en outre un résumé des obligations imposées aux nourrices en vertu de la loi du 23 décembre 1874 et du présent règlement, et des notions élémentaires sur l'hygiène du premier âge.

La nourrice doit se pourvoir d'un carnet nouveau chaque fois qu'elle prend un nouveau nourrisson.

ART. 32

Le carnet reste en possession de la nourrice à moins qu'il ne soit réclamé exceptionnellement et sur un ordre signé du préfet.

La nourrice présentera le carnet à toutes les personnes qui ont qualité pour en demander communication, médecin inspecteur, membres de la commission locale, maire, inspecteur et sous-inspecteur des enfants assistés, inspecteurs généraux de l'assistance publique, inspectrices générales des services de l'enfance.

Lors du retrait, de la sortie par limite d'âge ou du décès du nourrisson, la nourrice est tenue de porter son carnet à la mairie et de le remettre entre les mains du maire dans les conditions prévues par la loi. Lors du changement de résidence de la nourrice, le carnet sera présenté à la mairie de son domicile et à la mairie de sa résidence temporaire.

ART. 31

Les conditions concernant les certificats, l'inscription et le carnet sont applicables aux femmes qui veulent se charger d'enfants en sevrage ou en garde, à l'exception de la condition d'aptitude à l'allaitement au sein.

ART. 32

Si l'enfant n'a pas été vacciné, la nourrice doit le faire vacciner dans les trois mois du jour où il lui a été confié.

ART. 33

La nourrice, sevreuse ou gardeuse ne peut, sous aucun prétexte, se décharger, même temporairement, du soin d'élever l'enfant qui lui a été confié, en le remettant à une autre nourrice, sevreuse ou gardeuse, à moins d'une autorisation écrite donnée par les parents ou par le maire, après avis du médecin inspecteur.

Art. 33

Les conditions concernant les certificats, l'inscription et le carnet sont applicables aux femmes qui veulent se charger d'enfants en sevrage ou en garde, à l'exception de la condition d'aptitude à l'allaitement au sein.

Art. 34

Si l'enfant n'a pas été vacciné, la nourrice doit le faire vacciner dans les trois mois du jour où il lui a été confié.

Art. 35

La nourrice, sevreuse ou gardeuse, ne peut, sous aucun prétexte, se décharger même temporairement, du soin d'élever l'enfant qui lui a été confié, en le remettant à une autre nourrice, sevreuse ou gardeuse, à moins d'une autorisation écrite donnée par les parents ou par le maire, après avis du médecin inspecteur.

ART. 34

La nourrice, sevreuse ou gardeuse qui veut rendre l'enfant confié à ses soins, avant qu'il lui ait été réclamé, doit en prévenir le maire.

ART. 35

La demande en autorisation d'ouvrir un bureau de nourrices ou d'exercer la profession de placer des enfants en nourrice, en sevrage ou en garde, est adressée au préfet du départemeut où le pétitionnaire est domicilié. Elle fait connaître les départements dans lesquels celui-ci se propose de prendre ou de placer des enfants.

Le préfet communique la demande aux préfets des autres départements intéressés, et s'assure de la moralité du demandeur. Il fait examiner les locaux affectés aux nourrices et aux enfants, s'il s'agit d'un bureau de placement, ou les voitures affectées au transport des nourrices et de leurs nourrissons, s'il s'agit de meneurs ou de meneuses.

L'arrêté d'autorisation détermine les conditions particulières auxquelles le permissionnaire est astreint dans l'intérêt de la salubrité, des mœurs et de l'ordre public.

Ces conditions sont affichées dans l'intérieur des bureaux, ainsi que les prescriptions légales et réglementaires imposées aux directeurs de

Art. 36

La nourrice, sevreuse ou gardeuse, qui veut rendre l'enfant confié à ses soins, sans qu'il lui ait été réclamé, doit, avant de le rendre, prévenir le maire.

La nourrice dont le salaire n'est pas payé depuis plus de deux mois peut recourir au préfet. Ce fonctionnaire invite les parents ou, à leur défaut, la personne qui a placé l'enfant, à désintéresser la nourrice. Il informe sans retard celle-ci du résultat de son intervention.

L'enfant pour lequel le salaire convenu n'est point payé doit, si la nourrice en fait la demande, être recueilli, provisoirement au moins, dans le service des enfants assistés du département où il se trouve.

Art. 37

Toute personne qui veut, soit ouvrir ou diriger un bureau de nourrices, soit exercer la profession de placer des enfants en nourrice, en sevrage ou en garde ,doit se pourvoir de l'autorisation du préfet du département où elle est domiciliée. Elle doit en outre se pourvoir de l'autorisation du préfet de chacun des départements où elle se propose, soit de recruter des nourrices, soit de placer des enfants en sevrage ou en garde.

Les préfets compétents s'assurent de la moralité du pétitionnaire. Ils font examiner les locaux affectés aux nourrices et aux enfants, s'il s'agit d'un bureau de placement, ou les voitures affectées au transport des nourrices et de leurs nourrisssons, s'il s'agit de meneurs ou de meneuses.

L'arrêté d'autorisation détermine les conditions particulières auxquelles le permissionnaire est astreint dans l'intérêt de la salubrité, des mœurs et de l'ordre public.

Ces conditions sont affichées dans l'intérieur des bureaux ainsi que les prescriptions légales et réglementaires imposées aux directeurs bureaux et aux meneurs ou meneuses, et les peines édictées par l'article 6 de la loi contre ceux qui refuseraient de recevoir la visite des personnes autorisées en vertu de la dite loi.

L'autorisation peut toujours être retirée.

Dans le cas où l'industrie doit être exercée dans plusieurs départements, il est donné avis de l'arrêté d'autorisation ou de l'arrêté de retrait aux préfets de tous les départements intéressés.

Art. 36

Il est interdit aux directeurs des bureaux de nourrices et à leurs agents de s'entremettre pour procurer des nourrissons à des nourrices qui ne seraient pas munies des pièces mentionnées aux articles 27, 28, 29 et 30.

Il est défendu aux meneurs et aux meneuses de reconduire des nourrices dans leurs communes avec des nourrissons, sans qu'elles soient munies de ces pièces.

Art. 37

Les directeurs de bureaux et les logeurs de nourrices sont tenus d'avoir un registre coté et parafé, à Paris et à Lyon par le commissaire de police de leur quartier, et dans les autres communes par le maire. Sur

de bureaux et aux meneurs ou meneuses, et les peines édictées par l'article 6 de la loi contre ceux qui refuseraient de recevoir la visite des personnes autorisées en vertu de la dite loi.

L'autorisation peut toujours être retirée.

Dans le cas où l'industrie doit être exercée dans plusieurs départements, il est donné avis de l'arrêté d'autorisation ou de l'arrêté de retrait aux préfets de tous les départements intéressés.

ART. 38

Il est interdit aux directeurs des bureaux de nourrices et à leurs agents de s'entremettre pour procurer des nourrissons à des nourrices qui ne seraient pas munies des pièces mentionnées à l'article 31.

Il est défendu aux meneurs et aux meneuses de reconduire des nourrices dans leurs communes avec des nourrissons, sans qu'elles soient munies de ces pièces.

ART. 39

Les directeurs de bureaux et les logeurs de nourrices sont tenus d'avoir un registre coté et parafé, à Paris et à Lyon par le commissaire de police de leur quartier, et dans les autres communes par le maire.

ce registre doivent être inscrits les nom et prénoms, le lieu et la date de naissance, la profession et le domicile de la nourrice, le nom et la profession de son mari.

ART. 38

Aucun établissement destiné à recevoir en nourrice ou en garde des enfants au-dessous de deux ans ne peut subsister ni s'ouvrir sans l'autorisation du préfet de police dans le département de la Seine, et des préfets dans les autres départements.

L'autorisation peut toujours être retirée.

Les nourrices employées dans ces établissements sont assimilées aux nourrices sur lieu.

ART. 39

Il est ouvert dans chaque mairie deux registres destinés à recevoir, le premier, les déclarations imposées par l'article 7 de la loi à toute personne qui place, moyennant salaire, un enfant en nourrice, en sevrage ou en garde; le second, les déclarations imposées par l'article 9 à toute personne qui se charge d'un enfant dans ces conditions.

Sur ce registre doivent être inscrits les nom et prénoms, le lieu et la date de naissance, la profession et le domicile de la nourrice, le nom et la profession de son mari.

ART. 40

Aucun établissement destiné à recevoir en nourrice ou en garde des enfants au-dessous de deux ans ne peut subsister ni s'ouvrir sans l'autorisation des préfets.

L'autorisation peut toujours être retirée.

Les nourrices employées dans ces établissements sont assimilées aux nourrices sur lieu.

ART. 41

Il est ouvert dans chaque mairie deux registres destinés à recevoir, le premier, les déclarations imposées par l'article 7 de la loi à toute personne qui place, moyennant salaire, un enfant en nourrice, en sevrage ou en garde; le second, les déclarations imposées par l'article 9 à toute personne qui se charge d'un enfant dans ces conditions.

ART. 40

Le médecin inspecteur tient à jour un livre sur lequel il inscrit les nourrices, sevreuses ou gardeuses, et les enfants qui leur sont confiés.

Ce livre mentionne dans des colonnes spéciales :

1° Les noms, prénoms, professions et adresses des nourrices, sevreuses ou gardeuses ;

2° La date des deux certificats et du carnet mentionnés à l'article 27 du présent règlement ;

3° Les nom, prénoms, sexe, état civil de l'enfant, ainsi que la date et le lieu de sa naissance ;

4° La date de son placement ;

5° La date et le motif des visites du médecin étranger au service, qui aurait été appelé par la nourrice, ainsi que la date et le résultat de ses visites personnelles ;

6° La date et les causes du retrait de l'enfant ou du décès, s'il y a lieu, chez la nourrice ;

7° Les observations concernant l'enfant et la nourrice, sevreuse, ou gardeuse.

ART. 41

Le secrétaire de la commission locale devra tenir au courant un registre en deux parties, contenant, d'une part, les délibérations et les décisions de la commission, et, d'autre part, les noms et adresses de toutes les nourrices, sevreuses ou gardeuses de la commune, les noms des enfants qui leur sont confiés et la date des visites faites aux nourrices, sevreuses ou gardeuses, par les membres de la commission.

Le médecin inspecteur appose mensuellement son visa sur ce registre.

ART. 42

Le Ministre de l'Intérieur et le Garde des sceaux, Ministre de la Justice et des Cultes, sont chargés, chacun en ce qui le concerne, de l'exécution du présent décret.

Art. 42

Le médecin inspecteur tient à jour un livre sur lequel il inscrit les nourrices, sevreuses ou gardeuses et les enfants qui leur sont confiés.

Ce livre mentionne dans des colonnes spéciales :

1° Les noms, prénoms, professions et adresses des nourrices, sevreuses ou gardeuses ;

2° Les nom, prénoms, sexe, état civil de l'enfant, ainsi que la date et le lieu de sa naissance ;

3° La date de son placement ;

4° Les observations concernant l'enfant et la nourrice, sevreuse ou gardeuse.

Art. 43

Le secrétaire de la commission locale devra tenir au courant un registre contenant les délibérations et les décisions de la commission.

Art. 44

Le Ministre de l'Intérieur et le Garde des sceaux, Ministre de la Justice et des Cultes, sont chargés, chacun en ce qui le concerne, de l'exécution du présent décret.

MELUM. IMPRIMERIE ADMINISTRATIVE. — M 1761 M

www.ingramcontent.com/pod-product-compliance
Lightning Source LLC
LaVergne TN
LVHW012256050726
842524LV00004B/1139